Schiedsspruch

in dem

Rechtsstreite über die Thronfolge

im

Fürstentum Lippe

vom 25. Oktober 1905

Unter Zustimmung der Parteien veröffentlichter Abdruck

Leipzig
Verlag von Veit & Comp.
1906

Schiedsspruch

in dem

Rechtsstreite über die Thronfolge

im

Fürstentum Lippe

vom 25. Oktober 1905

Unter Zustimmung der Parteien veröffentlichter Abdruck

Leipzig
Verlag von Veit & Comp.
1906

Druck von Metzger & Wittig in Leipzig.

Schiedsspruch.

In dem Rechtsstreit über die Thronfolge in dem **Fürstentume Lippe** hat das auf Grund des Schiedsvertrags vom 5./8. November 1904 aus

dem Präsidenten des Reichsgerichts, Wirklichen Geheimen Rat Freiherrn von Seckendorff, Exzellenz,
dem Senatspräsidenten beim Reichsgerichte Dr. Maßmann,
den Reichsgerichtsräten Veltmann, Dr. Planck, von Hassell, Meyn, von Bülow, Kolb, Dr. Wanjeck, Predari, Hoffmann II, Maenner, Specht, Erler und Suntheim

gebildete

Schiedsgericht

in seiner Sitzung vom 25. Oktober 1905 die ihm durch den Schiedsvertrag vorgelegte Frage dahin entschieden:

Nach dem am 13. Januar 1905 erfolgten Ableben des regierenden Fürsten Alexander sind gegenwärtig die Nachkommen des Graf-Regenten Ernst zur Lippe-Biesterfeld und von seinen dieser Linie angehörigen Seitenverwandten die nachbenannten Personen nach dem Rechte der Erstgeburt und der agnatischen Linealfolge zur Regierungsnachfolge in dem Fürstentume Lippe in nachstehender Reihenfolge berechtigt und berufen:

I. 1. Seine Erlaucht der Graf-Regent Leopold, geboren am 30. Mai 1871;

2. dessen Söhne

a) Graf Ernst, geboren am 12. Juni 1902,

b) Graf Leopold Bernhard, geboren am 19. Mai 1904.

II. Des Graf-Regenten jüngerer Bruder, Seine Erlaucht Graf Bernhard, geboren am 26. August 1872.

III. Des Graf-Regenten jüngster Bruder, Seine Erlaucht Graf Julius Ernst, geboren am 2. September 1873.

IV. Des Graf-Regenten Oheim, Seine Erlaucht Graf Leopold, geboren am 12. Mai 1846.

V. 1. Des Graf-Regenten Oheim, Seine Erlaucht Graf Rudolf, geboren am 27. April 1856;

2. dessen Söhne

a) Graf Friedrich Wilhelm, geboren am 27. November 1890,

b) Graf Ernst, geboren am 20. Januar 1892.

VI. 1. Des Graf-Regenten Oheim, Seine Erlaucht Graf Friedrich Wilhelm, geboren am 16. Juli 1858;

2. dessen Sohn Graf Simon Casimir, geboren am 24. September 1900.

Begründung.

In dem Fürstentume Lippe herrscht seit unvordenklicher Zeit das Dynastengeschlecht der edlen Herren zur Lippe, das urkundlich bereits im Jahre 1129 genannt wird, zu Anfang des 16. Jahrhunderts den Grafentitel annahm und dessen in Detmold regierende Hauptlinie seit dem Jahre 1789 auf Grund einer damals erneuten und bestätigten, schon 1720 erfolgten Verleihung der reichsfürstlichen Würde den Fürstentitel geführt hat. Bei eintretenden Erbfällen ist eine Landesteilung fast stets vermieden, und bereits 1366 ist durch das 1368 erneuerte sogenannte pactum unionis die Unteilbarkeit des Landes sowie der Übergang in nur eine Hand förmlich zugesichert worden. Daneben hat das Recht der Erstgeburt observanzmäßig schon lange Zeit gegolten, bis dieses durch den Grafen Simon VI. (1564—1613) auch hausgesetzlich festgestellt und von dem Kaiser Rudolph II. unter dem 12. Februar 1593 bestätigt wurde. Seitdem vererbt sich der Thron nach dem Rechte der Erstgeburt und der agnatischen Linealfolge.

Von dem Grafen Simon VI. stammt diejenige Linie ab, die in Lippe geherrscht hat und jetzt mit dem am 13. Januar 1905 erfolgten Tode des Fürsten Karl Alexander erloschen ist. Außer dieser, der Hauptlinie, gehen aber auf den Grafen Simon VI.

auch sämtliche jetzt noch blühende Nebenlinien des Gesamthauses Lippe zurück. Es sind dies die beiden gräflichen Linien Lippe-Biesterfeld und Lippe-Weißenfeld, welche ebenso wie die Hauptlinie von dem ältesten Sohne des Grafen Simon VI. abstammen, und die von dessen jüngsten Sohne abstammende Linie Lippe-Alverdissen, welche später die Grafschaft Schaumburg erwarb, seitdem Schaumburg-Lippe genannt wird und 1807 die Fürstenwürde angenommen hat. Ihrem Alter nach würden diese drei Nebenlinien in nachstehender Ordnung zur Thronfolge in Lippe berufen sein:

1. Lippe-Biesterfeld,
2. Lippe-Weißenfeld,
3. Schaumburg-Lippe.

Alles dies ist nicht streitig. Streit herrscht dagegen über die Thronfolgefähigkeit. Dieser Streit wurde von Bedeutung, als im Jahre 1895 der (seit 1875) regierende Fürst Woldemar starb; denn der Thronerbe, sein Bruder Fürst Karl Alexander, der letzte Sproß der Hauptlinie, war wegen Geisteskrankheit entmündigt und regierungsunfähig. Nach dem Tode des Fürsten Woldemar übernahm auf Grund eines noch von diesem erlassenen, bis dahin geheim gehaltenen Dekrets der Prinz Adolf zu Schaumburg-Lippe die Regentschaft. Durch ein Lippisches Landesgesetz vom 24. April 1895 (Gesetz-Sammlung für das Fürstentum Lippe Bd. 13, 1892—1895 S. 575) wurde diese Regentschaft bestätigt, indes mit dem Hinzufügen (§ 2), daß dieselbe aufhöre, sobald die Thronstreitigkeiten ihre Erledigung gefunden haben, und mit dem ferneren Hinzufügen, daß, wenn der Thronstreit bis zum Ableben des Fürsten Alexander nicht entschieden, bis dahin aber im Wege der Reichsgesetzgebung ein zuständiger Gerichtshof gesichert sein sollte, die Regentschaft des Prinzen Adolf bis zur Entscheidung durch diesen Gerichtshof fortzudauern habe. Die Thronstreitigkeiten bestanden, weil die Chefs der beiden gräflichen Nebenlinien Einspruch erhoben hatten. Behufs ihrer Beilegung beantragte die Lippische Regierung unter dem 5. Juli 1895 bei dem Bundesrate (Drucksachen des Bundesrats Nr. 93), es möge durch Reichsgesetz das Reichsgericht als zuständiger Gerichtshof zur Erledigung der vorliegenden Thronstreitigkeiten eingesetzt werden. Der Bundesrat beschloß indes am 1. Februar 1896 (Protokolle des Bundesrats § 64), den Herrn Reichskanzler zu ersuchen, ein Kompromiß für die Bestellung eines Schiedsgerichts unter den streitenden Teilen herbeizuführen. Infolge der Vermittlung des Herrn Reichskanzlers kam dann ein am 25., 29. Juni und 3. Juli 1896 unterzeichneter Schiedsvertrag zustande, geschlossen zwischen den Häuptern der drei Nebenlinien des Lippischen Gesamthauses „für sich und die Linien, deren Chefs sie sind". Artikel I dieses Vertrags hatte nachstehenden Wortlaut:

> Die Frage, wer nach Erledigung des zurzeit von Seiner Durchlaucht dem Fürsten Karl Alexander zur Lippe innegehabten Thrones zur Regierungsnachfolge im Fürstentume Lippe berechtigt und berufen ist, soll zur Vermeidung von künftigen Zweifeln und Streitigkeiten schon jetzt durch den Spruch eines Schiedsgerichts entschieden werden.

Zufolge Artikel II des Vertrags sollte das Schiedsgericht aus Seiner Majestät dem Könige von Sachsen und sechs von Allerhöchstdemselben nach Seiner freien Wahl zu berufenden Mitgliedern des Reichsgerichts bestehen. Im Anschluß an den Vertrag wurde in Lippe das Gesetz, betreffend die Erledigung des Thronstreits, vom 17. Oktober 1896 (Gesetz-Sammlung Bd. 14, 1896—1899 S. 67) erlassen, als dessen Anlage der Schiedsvertrag veröffentlicht wurde und dessen einziger Paragraph folgende Bestimmung enthält:

Die nach dem anliegenden Schiedsvertrag herbeigeführte Erledigung des Thronstreits ist für die Thronfolge im Fürstentume Lippe maßgebend.

Das Schiedsgericht trat alsdann in Tätigkeit und erließ am 22. Juni 1897 seinen Spruch, durch den es die ihm vorgelegte Frage dahin entschied:

Seine Erlaucht der Graf Ernst Casimir Friedrich Karl Eberhard, Graf und Edler Herr zur Lippe-Biesterfeld ist nach Erledigung des zurzeit von Seiner Durchlaucht dem Fürsten Karl Alexander zur Lippe innegehabten Throns zur Regierungsnachfolge in dem Fürstentume Lippe berechtigt und berufen.

Graf Ernst war damals der Chef der Linie Lippe-Biesterfeld.

Infolge des Spruches legte Prinz Adolf die Regentschaft nieder und Graf Ernst trat an seine Stelle. Durch Lippisches Gesetz vom 24. März 1898 (Gesetz-Sammlung Bd. 14 S. 311), betreffend eine Abänderung des Regentschaftsgesetzes vom 24. April 1895, wurde Vorsorge für den Fall getroffen, daß Graf Ernst vor dem Fürsten Alexander sterben sollte und bestimmt, daß alsdann der jeweilig älteste Sohn des Grafen Ernst Sein Nachfolger in der Regentschaft sei. Vorher, im Jahre 1897, hatte die Regierung des Graf-Regenten Ernst im Hinblick auf den ergangenen Schiedsspruch bei dem Lippischen Landtag einen Gesetzentwurf eingebracht, durch welchen Thronfolge und Regentschaft im Fürstentume geregelt werden sollten und in Ansehung der Thronfolge die Bestimmungen vorgesehen waren, daß das Lippische Gesamthaus außer dem damaligen Throninhaber, dem Fürsten Karl Alexander, aus den oben genannten erbherrlichen Linien bestehe; daß die Krone, den bestehenden Rechten gemäß, erblich sei in dem Mannesstamme jener drei Linien nach der agnatischen Linealfolge und dem Rechte der Erstgeburt und daß das zunächst zur Thronfolge berufene Gräflich Lippe-Biesterfeldsche Haus an thronfolgeberechtigten Mitgliedern den Graf-Regenten, dessen Söhne, dessen Brüder und der Vorgenannten männliche Nachkommen aus deren zurzeit bestehenden und aus allen künftigen auf Grund dieses Gesetzes sanktionierten Ehen umfasse (Verhandlungen des Landtags des Fürstentums Lippe 1897/1900 Bd. 1 Vorlagen S. 185). Gegen diesen Gesetzentwurf erhob die Schaumburgische Regierung Einspruch, verlangte seine Zurückziehung (ebendaselbst S. 316) und rief, als eine Einigung nicht zu erzielen war, die Entscheidung des Bundesrats an (S. 320; Drucksachen des Bundesrats 1898 Nr. 8). Der Bundesrat beschloß unter dem 3. Februar 1898, die Lippische Regierung zu ersuchen, vor Erledigung des Schaumburgischen Antrags der Beratung des angefochtenen Gesetzentwurfs keinen Fortgang geben zu lassen (Protokolle des Bundesrats § 81). Diesem Ersuchen wurde entsprochen und in Lippe nur die oben erwähnte Novelle vom 24. März 1898 zum Regentschaftsgesetze vom 24. April 1895 verkündet. In Anlaß dessen erneute die Schaumburgische Regierung unter dem 18. Mai 1898 bei dem Bundesrat ihren Antrag auf Entscheidung über die Thronfolge im Fürstentume Lippe und beantragte ferner, zu erklären, daß die oben erwähnte Novelle zum Regentschaftsgesetze für den Fürsten zu Schaumburg-Lippe und sein Haus unverbindlich sei (vgl. Seydel, Staatsrecht und politische Abhandlungen. Neue Folge S. 163). Der Bundesrat entschied durch Beschluß vom 5. Januar 1899 (Protokolle des Bundesrats § 16) und erklärte u. a., daß seine Zuständigkeit zufolge Artikel 76 Absatz 1 der Reichsverfassung begründet, zurzeit indes kein hinreichender Anlaß zu einer sachlichen Erledigung gegeben sei, da ein mit den Ansprüchen Schaumburg-Lippes unvereinbarer Fall der Thronfolge oder Regentschaft in Lippe nicht vorliege.

Am 26. September 1904 starb der Regent Graf Ernst zur

Lippe-Biesterfeld. Sein ältester Sohn Graf Leopold übernahm gemäß der Novelle vom 24. März 1898 zum Regentschaftsgesetze die Regentschaft, aber es wurde die Frage, wer zur Regierungsnachfolge berufen sei, wiederum angeregt. Im Hinblick hierauf schlossen nunmehr Seine Durchlaucht der Fürst Stephan Albrecht Georg zu Schaumburg-Lippe und Seine Erlaucht der Graf-Regent Leopold Graf und Edler Herr zur Lippe-Biesterfeld einen am 5. und 8. November 1904 unterzeichneten Vertrag, um, wie in Artikel I gesagt wird, zur endgültigen Erledigung des Thronstreits einen neuen richterlichen Schiedsspruch über die nach dem Tode des regierenden, durch Regentschaft vertretenen Fürsten Alexander im Fürstentume Lippe eintretende Regierungsnachfolge herbeizuführen. Zufolge Artikel II sollte das Schiedsgericht aus zwei vereinigten Zivilsenaten des Reichsgerichts und zwar dem IV. und VII. bestehen und die von dem Schiedsgerichte zu entscheidende Frage lauten:

> ob und in welcher Reihenfolge die zur Zeit des Abschlusses dieses Vertrags und zur Zeit des Abschlusses der Verhandlungen vor dem Gerichtshofe lebenden Nachkommen und der Linie Biesterfeld angehörigen Seitenverwandten des Graf-Regenten Ernst zur Lippe-Biesterfeld nach dem Ableben des regierenden Fürsten Alexander zur Regierungsnachfolge in dem Fürstentume Lippe berechtigt und berufen sind.

Zugleich enthielt der Artikel II des Vertrags die Erklärung eines Ersuchens der Vertragschließenden an den Bundesrat, die Übertragung der schiedsgerichtlichen Funktion an das Reichsgericht herbeizuführen. Im Artikel VI wurde erklärt, unter den Vertragschließenden bestehe Einverständnis darüber, daß die gegenwärtige Regentschaft im Fürstentume Lippe erlösche, sofern und sobald der Schiedsspruch das Thronfolgerecht Seiner Erlaucht des Grafen

Leopold verneint hat und die Ausfertigung beiden Teilen zugestellt ist, und daß, falls das Ableben Seiner Durchlaucht des Fürsten Alexander zur Lippe vor dem Erlasse des Schiedsspruchs eintreten sollte, die gegenwärtig bestehende Regentschaft unbeschadet der verfassungsmäßigen Bestimmungen des Lippischen Landesrechts von Seiner Erlaucht dem Grafen Leopold fortgeführt werden solle.

Alsdann wurde von den Staatsregierungen der Fürstentümer Schaumburg-Lippe und Lippe der Schiedsvertrag dem Bundesrat überreicht mit der Erklärung, daß sie alle früheren, in dieser Sache an den Bundesrat gerichteten Anträge hiermit als erledigt ansähen und mit dem Ersuchen, der Bundesrat wolle sich mit der schiedsgerichtlichen Erledigung des Thronstreits einverstanden erklären und beschließen, daß das Reichsgericht dem Vertrage gemäß mit dem Schiedsspruche beauftragt werde. Verbunden wurde hiermit die Bitte, der Bundesrat wolle innerhalb seiner verfassungsmäßigen Befugnis dafür eintreten, daß nach dem Erlasse der schiedsgerichtlichen Entscheidung die Thronfolge im Fürstentume nach Maßgabe des Schiedsspruchs dauernd geordnet werde.

Der Bundesrat erklärte sich durch Beschluß vom 18. November 1904 mit dem Ersuchen einverstanden, beschloß, wegen Übertragung des schiedsgerichtlichen Verfahrens an das Reichsgericht den Herrn Reichskanzler zu ersuchen, und beschloß zugleich, falls der Schiedsspruch zugunsten aller oder einzelner Mitglieder der Gräflich Lippe-Biesterfelder Linie ausfallen sollte, die Thronfolge im Fürstentume Lippe für endgültig geregelt zu erachten, derart, daß gegen die nach dem Schiedsspruche berufenen Mitglieder der Gräflich Lippe-Biesterfelder Linie aus Umständen, die in der Vergangenheit liegen, keine Einwendungen mehr vom Bundesrate zugelassen werden sollen.

Durch Erlaß des Herrn Reichskanzlers vom 18. November

1904 wurde darauf der Schiedsspruch dem Reichsgericht übertragen.

Nach Bestellung des Schiedsgerichts starb, wie bereits erwähnt, der Fürst Karl Alexander zur Lippe am 13. Januar 1905. Der Graf Leopold zur Lippe-Biesterfeld blieb als Regent an der Regierung.

Durch Lippisches Landesgesetz vom 14. April 1905 (Gesetz-Sammlung S. 163) wurde ähnlich, wie es durch das Gesetz vom 17. Oktober 1896 in Ansehung des früheren Spruchs geschehen war, der jetzt zu erwartende Schiedsspruch als maßgebend für die Thronfolge erklärt.

Die gegenwärtig lebenden Mitglieder der Gräflich Lippe-Biesterfelder Linie sind die folgenden:

I. 1. Der Graf-Regent **Leopold**, geboren am 30. Mai 1871, vermählt mit Bertha, Prinzessin von Hessen-Philippsthal;

2. dessen Söhne
   a) Graf **Ernst**, geboren am 12. Juni 1902,
   b) Graf **Leopold Bernhard**, geboren am 19. Mai 1904.

II. Des Graf-Regenten jüngerer Bruder, Graf **Bernhard**, geboren am 26. August 1872, zurzeit unvermählt.

III. Des Graf-Regenten jüngster Bruder, Graf **Julius Ernst**, geboren am 2. September 1873, zurzeit unvermählt.

IV. Des Graf-Regenten Oheim, Graf **Leopold**, geboren am 12. Mai 1846, vermählt mit Frieda, Gräfin von Schwerin, zurzeit ohne Nachkommenschaft.

V. 1. Des Graf-Regenten Oheim, Graf **Rudolf**, geboren am 27. April 1856, vermählt mit Luise, Prinzessin von Ardeck, Tochter des Prinzen Wilhelm von Hessen-Philippsthal-Barchfeld;

2. dessen Söhne

a) Graf Friedrich Wilhelm, geboren am 27. November 1890,

b) Graf Ernst, geboren am 20. Januar 1892.

VI. 1. Des Graf-Regenten Oheim, Graf Friedrich Wilhelm, geboren am 16. Juli 1858, vermählt mit Gisela Gräfin zu Isenburg-Büdingen in Meerholz;

2. dessen Sohn Graf Simon Casimir, geboren am 24. September 1900.

Sämtliche vorbenannten Grafen zur Lippe-Biesterfeld stammen ab aus der am 26. Juli 1803 geschlossenen Ehe des Grafen Wilhelm Ernst zur Lippe-Biesterfeld mit Modeste von Unruh, Tochter des Königlich Preußischen Generalleutnants Karl Philipp von Unruh.

Der Herr Graf-Regent Leopold zur Lippe-Biesterfeld beantragt die Entscheidung:

daß die sämtlichen Grafen und Edlen Herren zur Lippe-Biesterfeld zur Regierungsnachfolge im Fürstentume Lippe berechtigt und in der vorstehend angegebenen Reihenfolge berufen sind.

Seitens des Herrn Fürsten Georg zu Schaumburg-Lippe wird dagegen der Spruch beantragt:

daß die sämtlichen zurzeit lebenden Mitglieder der Linie Lippe-Biesterfeld zur Thronfolge im Fürstentume Lippe nach dem Ableben Seiner Durchlaucht des Fürsten Alexander zur Lippe nicht berechtigt sind.

Zur Begründung des letzteren Antrags wird

1. die Ebenbürtigkeit der Ehe des Grafen Wilhelm Ernst mit Modeste von Unruh bestritten und deshalb sämtlichen Mit-

gliedern der Linie Lippe-Biesterfeld die Thronfolgefähigkeit abgesprochen;

2. die Ehe des verstorbenen Graf-Regenten Ernst, geschlossen am 16. September 1869 mit Karoline Reichsgräfin von Wartensleben, aus welcher Ehe der gegenwärtige Graf-Regent, dessen Söhne und dessen Brüder abstammen, sowie

3. die Ehe des Grafen Rudolf mit Luise Prinzessin von Ardeck, wegen Mangels der Ebenbürtigkeit, letztere Ehe daneben auch wegen mangelnden landesherrlichen Konsenses angefochten;

4. die Ehe des Grafen Friedrich Wilhelm mit Gisela Gräfin zu Isenburg-Büdingen in Meerholz zwar als ebenbürtig anerkannt, aber deshalb beanstandet, weil sie ohne Zustimmung des Landesherrn geschlossen sei und deshalb der vollen Wirksamkeit entbehre.

Es fragt sich demnach, ob die bezeichneten Ehen dem Lippischen Hausrecht entsprechen. In Ansehung des an erster Stelle erhobenen Einwandes bedarf es jedoch der Prüfung, ob dieser Einwand noch zulässig ist, oder ob der Schiedsspruch vom 22. Juni 1897 im Wege steht, dessen rechtsverbindliche Kraft geltend zu machen der Herr Graf-Regent Leopold in Artikel I des neuen Schiedsvertrags sich ausdrücklich vorbehalten hat. Zu erörtern ist daher:

I. Die Tragweite des Schiedsspruchs vom 22. Juni 1897.

Die Ebenbürtigkeit der im Jahre 1803 geschlossenen Ehe des Grafen Wilhelm Ernst zur Lippe-Biesterfeld mit Modeste von Unruh war bereits in dem ersten schiedsgerichtlichen Verfahren Gegenstand des Streites. Wegen der Abstammung aus dieser Ehe wurde damals die Thronfolgefähigkeit der Linie Lippe-Biesterfeld bestritten; von Schaumburg-Lippe, weil nach deutschem Reichsrecht und Lippischem Hausrecht hoher Adel der Frau oder doch Kaiserliche Ebenbürtigkeitserklärung Erfordernis der Ebenbürtigkeit sei, von Lippe-Weißenfeld, weil hierfür nach Lippischem Hausrechte zwar niederer Adel genüge, aber nur wenn er tituliert, also mindestens mit dem Freiherrntitel verbunden sei. Das damalige Schiedsgericht gelangte jedoch zu dem Ergebnis und sprach aus (S. 47 des unter Zustimmung der Parteien veröffentlichten Abdrucks):

> Als Gesamtresultat ergibt sich, daß Modeste von Unruh aus der altadeligen Familie von Unruh abstammte, daß diese Abstammung nach dem gemeinen Privatfürstenrechte zu ihrer Ebenbürtigkeit genügte und daß zur Zeit der Eingehung ihrer Ehe ein für die Sukzessionsfähigkeit ihrer Deszendenten hinsichtlich des Fürstentums Lippe maßgebendes strengeres Herkommen nicht bestand. Daraus folgt, da allein auf Grund dieser Ehe die Ebenbürtigkeit des Herrn Grafen Ernst zur Lippe-Biesterfeld bestritten ist, dessen Thronfolgefähigkeit.

Für die jetzt zu treffende Entscheidung ist zu prüfen, welchen Inhalt der damalige Schiedsspruch hiernach hat, und ob und wieweit demselben eine bindende Wirkung zukommt.

Über den Inhalt des Spruchs gehen die Meinungen weit auseinander und insbesondere ist, auch in der Literatur, die Auslegung vertreten worden, daß der jetzt verstorbene Graf Ernst zur Lippe-Biesterfeld lediglich für seine Person zur Thronfolge berufen worden sei, dagegen kein anderes Mitglied sich auf den Spruch oder dessen Begründung berufen könne. Diese Ansicht muß jedoch abgelehnt werden. Bei der Auslegung des Spruchs ist zunächst der zugrunde liegende Schiedsvertrag zu berücksichtigen; dabei können aber die Erwägungen, von denen sich die hohen Kontrahenten bei seinem Abschlusse leiten ließen, nicht in Betracht kommen, vielmehr darf behufs Beantwortung der Frage, was für eine Entscheidung von dem Schiedsgerichte begehrt worden sei, als Parteiwille nur diejenige Vereinbarung gelten, die sich aus dem Wortlaute des Vertrags und aus den begleitenden Umständen für jedermann entnehmen läßt. Wenn also jetzt geltend gemacht ist, der Herr Fürst zu Schaumburg-Lippe habe sich zur Vollziehung des Schiedsvertrags von 1896 erst auf den ausdrücklichen Hinweis entschlossen, daß die schiedsrichterliche Entscheidung nur die Chefs der drei streitenden Linien treffe, so ist das eine Angabe, deren Richtigkeit in keiner Beziehung bezweifelt werden soll, der jedoch eine weitere Folge nicht gegeben werden kann, da der Wille, es solle nur entschieden werden, wer von den vertragschließenden drei Herren zur Thronfolge berufen sei, im Vertrage keinen Ausdruck gefunden hat. Geschlossen wurde der Schiedsvertrag von 1896 zwischen den Häuptern der drei Nebenlinien des Lippischen Gesamthauses „für sich und die Linien, deren Chefs sie sind". Schon hieraus ergibt sich, daß sie eine Entscheidung zwischen den Linien und über das Recht der Linien herbeizuführen bezweckten. Dafür spricht weiter, daß, wie die vertragschließenden Teile nicht verkennen konnten, eine lediglich das persönliche Recht eines von ihnen feststellende Entscheidung einem baldigen Wiederausbruche des Streits nicht vorbeugen konnte und deshalb von nur sehr geringem Werte gewesen wäre. Eine nur vorläufige Regelung der Thronfolge konnte mithin nicht beabsichtigt sein. Wenn daher der Schiedsvertrag die Frage zur Entscheidung stellte,

> „wer" nach der damals in Aussicht stehenden Thronerledigung „zur Regierungsnachfolge im Fürstentume Lippe berechtigt und berufen sei",

so bringt dies nur die Voraussetzung zum Ausdruck, es werde sich ein Mitglied der damals streitenden drei Linien als thronfolgeberechtigt erweisen und es handle sich darum, den unter den Linien herrschenden Streit durch die Bezeichnung des zunächst thronberechtigten Mitglieds eines dieser Linien zu beenden.

Irgend eine andere persönliche Einschränkung enthält dagegen der Vertrag nicht, die Entscheidung konnte also innerhalb jener Grenzen zugunsten eines jeden Mitglieds der drei Linien ergehen. Der Wortlaut des Vertrags dient sonach der abgelehnten Ansicht nicht zur Stütze.

Ebensowenig kann aus dem Verlaufe des Verfahrens vor dem damaligen Schiedsgerichte gefolgert werden, es habe das Schiedsgericht nach Absicht der drei den Vertrag schließenden Herren nur entscheiden sollen, ob einer von ihnen und welcher zur Thronfolge berufen sei. Allerdings wird von der Gegenseite auf folgende Tatsachen hingewiesen. Von dem Grafen Ernst zur Lippe-Biesterfeld war durch Schriftsatz vom 26. November 1896 der Spruch beantragt worden,

> daß nach Erledigung des zurzeit von Seiner Durchlaucht dem Fürsten Karl Alexander zur Lippe innegehabten Throns die gräflich erbherrliche Linie zur Lippe-Biesterfeld zur Regierungsnachfolge im Fürstentume Lippe zuerst und ausschließlich berechtigt und berufen ist.

Die Chefs der beiden anderen Linien stellten dagegen nur einen auf ihre eigene Person abzielenden Antrag, und zwar beantragte der Graf Ferdinand zur Lippe-Biesterfeld-Weißenfeld die Entscheidung:

> Bei eintretender Thronerledigung im Fürstentume Lippe ist Seine Erlaucht Ferdinand Graf und Edler Herr zur Lippe-Biesterfeld-Weißenfeld dem gegenwärtigen Landesherrn, Seiner Durchlaucht dem Fürsten Karl Alexander, in der Regierung nachzufolgen berechtigt und berufen,

während der Fürst zu Schaumburg-Lippe folgende Entscheidung zu erlassen beantragte:

> Nach Erledigung des Throns im Fürstentume Lippe durch Aussterben der jetzt regierenden Linie ist Seine Durch-

laucht der Fürst Stephan Albrecht Georg zu Schaumburg-Lippe zum Regierungsnachfolger berechtigt und berufen.

Überdies aber wurde seitens des Fürsten zu Schaumburg-Lippe in einer Erklärung vom 9. Februar 1897 gegen den Biesterfelder Antrag eingewendet:

daß derselbe so, wie er vorgebracht ist, im Widerspruche mit dem Schiedsvertrage steht. Nach diesem unterliegt der Entscheidung des hohen Schiedsgerichts nur die Frage, wer von den drei Paziszenten zuerst zur Thronfolge im Fürstentume Lippe berechtigt und berufen sei. Das hohe Schiedsgericht wird weder in der Lage sein, etwa der Linie des Grafen zu Biesterfeld, noch gar ihr ausschließlich das Thronfolgerecht zuzusprechen . . .

Gegen die Linie Biesterfeld, speziell gegen die Deszendenz des Grafen Ernst zur Lippe-Biesterfeld liegen . . . noch selbständige Anfechtungsgründe vor, die hier nicht zur Erörterung stehen.

Gegen diese Einwendung ist abseiten des Grafen Ernst nichts erwidert, vielmehr ist von ihm demnächst nur im Schriftsatze vom 1. März 1897 beantragt, zu erkennen, daß Seine Durchlaucht der Fürst zu Schaumburg-Lippe zur Thronfolge im Fürstentume Lippe nicht berechtigt sei.

Aus diesen Vorgängen ergibt sich aber nur, daß von der Biesterfelder Vertretung in ihrem Schriftsatze vom 26. November 1896 ein Antrag gestellt war, der mit dem damaligen Schiedsvertrage nicht im Einklang stand, soweit er dahin gerichtet war, daß das Schiedsgericht die Thronfolgeberechtigung jedes einzelnen der damals lebenden Mitglieder der Biesterfelder Linie feststellen solle. Denn mit einer solchen Aufgabe war das Schiedsgericht nicht befaßt. Es verstand sich deshalb auch von selbst, daß die Biesterfelder Vertretung jenen Antrag, nachdem durch die Schaumburgische Erklärung vom 9. Februar 1897 auf die Unstatthaftigkeit eines solchen Verlangens hingewiesen war, nicht weiter verfolgte. Eine weitere Bedeutung ist dem Austausche der mitgeteilten Anträge nicht beizulegen.

Ohne Erheblichkeit für die Ermittelung des Sinnes, der dem Schiedsvertrage von 1896 beizumessen ist, ist es endlich, daß nach dem Erlasse des Schiedsspruchs vom 22. Juni 1897 seitens der Regierung des Graf-Regenten Ernst zur Lippe-Biesterfeld der oben erwähnte Gesetzentwurf zur Regelung der Thronfolge im Lippischen Landtag eingebracht wurde. Denn durch den Schiedsspruch waren die Fragen, von denen die Thronfolgeberechtigung der Nachkommen und der Seitenverwandten des Graf-Regenten abhing, nicht sämtlich erledigt und konnten nicht sämtlich erledigt sein, da der Vertrag und die dem Schiedsgerichte vorgelegte Frage nur dahin ging, daß die Person des nächsten Thronfolgers bezeichnet werden solle. Hieraus darf jedoch nicht geschlossen werden, es solle sich die Tragweite des Spruchs in der Bezeichnung des nächsten Thronfolgers dergestalt erschöpfen, daß lediglich der nächste Thronwechsel geregelt werde. Denn eine solche Auslegung des Vertrags ist nicht möglich im Hinblick auf die Tatsachen, die den Anlaß zu seinem Abschlusse boten. Streit herrschte über die Thronfolgefähigkeit der beiden älteren Nebenlinien und die Beantwortung der Frage, ob die älteste, also die Biesterfelder Linie, berufen sei, hing von dem Geburtsstande der Modeste von Unruh, dann aber davon ab, welches Recht der Ebenburt im Hause Lippe gelte. Es handelte sich mithin nicht um die Person des Grafen Ernst allein, sondern um seine Linie und um Fragen des Ebenburtsrechts, die für das ganze Haus Lippe von Bedeutung waren. An der Entscheidung hatte endlich auch das Land ein wesentliches und sehr dringendes Interesse, zumal der Streit schon lange gewährt hatte. Diese

Sachlage erklärt es, daß der Bundesrat sich für einen Vertrag verwandte, der eine Entscheidung durch ein Schiedsgericht unter dem Vorsitze Seiner Majestät des Königs von Sachsen herbeiführen sollte. Hingegen ist es nicht denkbar, daß dies geschehen sei mit dem Vorbehalte, es dürfe schon bei dem zweiten Thronwechsel der gesamte Streit von neuem beginnen und müsse nochmals entschieden werden. Das damalige Schiedsgericht ist vielmehr, wie mit Grund nicht bezweifelt werden kann, in der Überzeugung, die ihm vorliegenden Streitfragen endgültig zu erledigen, an seine Aufgabe herangetreten, und es würde schwerlich das Schiedsrichteramt übernommen haben, wenn ihm eine Entscheidung angesonnen wäre, die nur die Bedeutung einer vorläufigen Regelung haben sollte und in dem Falle, daß der bezeichnete Thronfolger vor dem damals regierenden Fürsten starb, sogar völlig gegenstandslos geworden wäre.

Wenn nun der Spruch dahin lautete, der Graf Ernst zur Lippe-Biesterfeld sei berufen, so ist der genannte Herr für thronfolgeberechtigt erklärt, indem und weil die im Jahre 1803 zwischen seinen Großeltern geschlossene Ehe als dem Lippischen Hausrecht entsprechend anerkannt worden ist. Damit ist die Ebenbürtigkeit sämtlicher Abkömmlinge aus dieser Ehe, wenn ihnen nicht etwa andere Gründe entgegenstehen sollten, festgestellt.

Das nämlich ist die Bedeutung des Spruches, der dem Willen der Vertragsschließenden entsprechend darauf abzielte, den unter den Linien herrschenden Streit zu entscheiden. Graf Ernst ist mithin in seiner Eigenschaft als Mitglied der Familie Biesterfeld des Gesamthauses Lippe, und zwar als Haupt dieser Linie für thronfolgeberechtigt erklärt und es lag in der Entscheidung, daß nach dem Tode des Hauptes der siegreichen Linie gegen die ihm folgenden Mitglieder der nämlichen Linie, mochten dies Nachkommen oder Seitenverwandte sein, Einwendungen nicht hergeleitet werden können, welche, falls sie begründet wären, schon das Recht des Hauptes der Linie zerstört haben würden.

Es kommt weiter in Frage, inwieweit der so festgestellte Inhalt des im Jahre 1897 ergangenen Schiedsspruchs für die jetzt zu treffende Entscheidung von bindender Kraft ist.

Zunächst unterliegt es keinem Bedenken, daß der Spruch für die Agnaten der damals streitenden Linien Recht schuf. Denn die Häupter dieser Linien waren befugt, den damaligen Schiedsvertrag so, wie geschehen, mit bindender Wirkung für sich und die Linien abzuschließen. Zugegeben werden mag, daß die Vertragschließenden nicht die Macht besessen hätten, in ihrer Eigenschaft als Chefs ihrer Linien, also ohne Zuziehung ihrer Agnaten, durch gütliche Vereinbarung Bestimmungen über die Thronfolge zu treffen, die auch die Agnaten gebunden hätten. Wohl dagegen waren die Chefs berechtigt und berufen, in einem Rechtsstreit ihre Linien zu vertreten. Es ist das nur die, auch im Bereiche des öffentlichen Rechts gebotene, Anwendung des im Gebiete des Privatrechts längst zur Anerkennung gelangten Rechtssatzes, daß ein Urteil in Ansehung eines Rechts oder einer Sache, wenn es in einem Rechtsstreite desjenigen ergangen ist, welcher auf Grund seiner Behauptungen das Recht oder die Sache zu beanspruchen hat, für seine Rechtsnachfolger ebenfalls maßgebend ist, und zwar auch für seine Rechtsnachfolger kraft eigenen Rechts, wie Lehns- und Fideikommißfolger.

Vgl. Rechtsgutachten von Wach und Laband, Zur Lehre von der Rechtskraft S. 100 ff.; Mendelssohn-Bartholdy, Grenzen der Rechtskraft S. 19 ff., 26 Anm. 4, 36, 171.

Hinzu kommt noch ein weiterer Gesichtspunkt. Es erscheint die Annahme gerechtfertigt, daß die sämtlichen Agnaten von dem Abschlusse des Schiedsvertrags Kenntnis erlangt und sich ihm stillschweigend unterworfen haben, da keiner von ihnen vor dem Schiedsspruche Widerspruch erhoben hat.

Ist sonach der Spruch der Anfechtung durch die Agnaten entzogen, so ist ihm die rechtliche Anerkennung im Fürstentume Lippe durch das vorher erwähnte Landesgesetz vom 17. Oktober 1896 sichergestellt, welches die nach dem Schiedsvertrage herbeigeführte Erledigung als maßgebend für die Thronfolge erklärt. Durch dieses Gesetz, ein Verfassungsgesetz, ist mithin die Thronfolge im Fürstentume Lippe dergestalt geordnet, daß als sein Inhalt der Schiedsspruch zu gelten hat. Bedenken gegen die Zulässigkeit einer solchen Regelung der Thronfolge walten nicht ob, insbesondere würde das Einverständnis des Bundesrats, insoweit es eines solchen bedarf, aus den Vorgängen, die zum Abschlusse des Schiedsvertrags von 1896 führten, zu entnehmen sein. Der auf Grund dieses Vertrags ergangene Schiedsspruch hat demnach die Bedeutung einer verfassungsmäßigen Erledigung des Thronstreits, und sein Inhalt gehört zum Landesrechte des Fürstentums Lippe.

Durch die vorstehenden Erwägungen findet die — unter Heranziehung von Grundsätzen des bürgerlichen Rechts geltend gemachte — Ansicht, daß die maßgebende Bedeutung jenes Spruches nicht weiter reiche, als die eines rechtskräftigen Urteils, und daß der Herr Graf-Regent Leopold zur Lippe-Biesterfeld sich auf den Spruch schon deshalb nicht berufen könne, weil die subjektiven Voraussetzungen des Einwandes der rechtskräftig entschiedenen Sache nicht vorhanden seien, zugleich ihre Widerlegung.

Vorgänge, welche eine Änderung bewirkt hätten, sind später nicht eingetreten. Insbesondere sind solche nicht in dem Ausgange verschiedener Rechtsstreitigkeiten zu finden, welche der Graf Erich zur Lippe-Biesterfeld-Weißenfeld nach Erlaß des Schiedsspruchs und nachdem Graf Ernst zur Lippe-Biesterfeld bereits die Regentschaft des Fürstentums übernommen hatte, gegen letzteren anhängig machte. Zwei dieser Prozesse betrafen die sogenannte Lippische Rente, deren Genuß Graf Erich dem Graf-Regenten nicht lassen wollte. Seine beiden deshalb erhobenen Klagen hatten Erfolg. In einer dritten Klage beantragte Graf Erich, dem Graf-Regenten die Zugehörigkeit zur hochadeligen Gräflich Lippischen Familie abzuerkennen und ihm die aus solcher Zugehörigkeit folgenden Rechte abzusprechen. Diese Klage wurde durch Urteil des Landgerichts zu Detmold vom 10. Juni 1903 abgewiesen. Letzteres Urteil ist ohne Wert für die jetzt zu treffende Entscheidung, da es die Klageansprüche verneint hat. Es kann deshalb dahingestellt bleiben, ob es in Betracht kommen würde, wenn es ihnen entsprochen hätte. Auf seine Begründung einzugehen, ist kein Anlaß vorhanden. Die anderen Urteile haben nur die Bedeutung der Feststellung, daß der Graf-Regent dem Kläger gegenüber kein Recht zum Genusse der Lippischen Rente besitze. Die Gründe enthalten zufolge § 322 Abs. 1 der Zivilprozeßordnung eine der Rechtskraft fähige weitergehende Feststellung überhaupt nicht, befassen sich übrigens mit der Thronfolgefähigkeit des Graf-Regenten nicht und würden hierfür auch nicht maßgebend sein.

Der im Jahre 1897 ergangene Schiedsspruch hat hiernach in Ansehung der Agnaten wie des Landes die Bedeutung, daß gegenüber den Angehörigen der Linie Lippe-Biesterfeld der Einwand, die Ehe mit Modeste von Unruh sei nicht ebenbürtig gewesen und es ermangele daher die aus ihr hervorgegangene Nachkommenschaft der Thronfolgefähigkeit, nicht zugelassen werden darf. Auf diesen, von neuem erhobenen Einwand ist mithin nicht einzugehen. Es darf nicht bloß die Thronfolgefähigkeit des verstorbenen Grafen Ernst zur Lippe-Biesterfeld, sondern auch die Thronfolgefähigkeit seiner Brüder nicht mehr in Frage gestellt, dagegen können Einwendungen geltend gemacht werden, welche geeignet wären, die Nachkommen des Grafen Ernst und seiner Brüder, abgesehen von ihrer Abstammung aus der erwähnten Ehe, von der Thronfolge auszuschließen. Zulässig sind daher die anderen zur Begründung des Schaumburgischen Antrags erhobenen Einwendungen.

II. Die Ehe des verstorbenen Graf-Regenten Ernst zur Lippe-Biesterfeld mit Karoline Reichsgräfin von Wartensleben, geschlossen am 16. September 1869.

Die Gräfin entstammt unbestritten einem uralten Geschlechte des niederen Adels. Ihre Mutter, Mathilde geb. Halbach, war bürgerlicher Herkunft.

Beanstandet wird die Ehe wegen Mangels der Ebenbürtigkeit, während von der andern Seite geltend gemacht wird, daß dieser Einwand nicht erhoben werden dürfe, weil die Ebenbürtigkeit bereits in maßgebender Weise festgestellt worden sei. Hergeleitet wird letzteres aus folgenden Umständen:

Unter dem 10. Mai 1853 erließ der Fürst Leopold III. zur Lippe nachstehende Fürstliche Deklaration:

> Von Gottes Gnaden Wir Paul Friedrich Emil Leopold usw. urkunden hiermit:
>
> In den beiden gräflichen Nebenlinien Unseres Hauses, nämlich der Lippe-Biesterfelder, und der Lippe-Weißenfelder, sind, nachdem sich dieselben weithin verbreitet haben, nicht immer die durch Standes- und Familienverhältnisse gebotenen Rücksichten beachtet worden, weshalb Wir Uns dringend veranlaßt finden, zur Aufrechterhaltung des Ansehens und der Würde des Hauses hierin eine Beschränkung eintreten zu lassen. Wir erklären demnach vermöge des Uns als regierendem Familien- und Stammhaupte zustehenden Autonomierechts, daß hinfüro jeder Ehe, welche ein Mitglied Unseres Hauses eingehen möchte,

in Beziehung auf Familienrechte die Anerkennung versagt werden wird, wenn nicht bei Uns oder Unseren Nachfolgern in der Regierung der Consens zur Vermählung zuvor nachgesucht und ausgewirkt worden ist. Das Gesuch ist zunächst bei dem Chef der betreffenden Spziallinie anzubringen, welcher dasselbe mit Gutachten begleiten und zur Höchsten Entschließung an Uns befördern wird. Der Consens wird nur dann erteilt werden, wenn sowohl die Standesmäßigkeit der Ehe, als die Mittel zu einem standesmäßigen Unterhalt glaubhaft nachgewiesen werden.

Diese in Kraft eines Hausgesetzes von Uns erlassene Deklaration soll unter Unserer eigenhändigen Unterschrift und beigedrucktem Regierungssiegel den Chefs der beiden Nebenlinien, nämlich dem Herrn Grafen Julius zur Lippe-Biesterfeld und dem Herrn Grafen Gustav zur Lippe-Weißenfeld mit dem Ersuchen zugefertigt werden, die übrigen Mitglieder ihrer Spziallinien davon zur Nachachtung in Kenntnis zu setzen.

Nach Vorschrift dieser Deklaration wurde vor der Eingehung der jetzt beanstandeten Ehe der landesherrliche Konsens von dem Vater des Grafen Ernst, dem Grafen Julius zur Lippe-Biesterfeld, erbeten, und es wurde der Konsens von dem Fürsten Leopold zur Lippe unter dem 23. September 1868 in folgender Form erteilt:

Hochgeborener Graf!
Freundlich geliebter Vetter!

Ew. Liebden haben in dem gefälligen Schreiben vom 11. d. Mts. Mir die Anzeige gemacht, daß Ihr ältester Sohn, der Graf Ernst Kasimir Friedrich Karl Eberhard zur Lippe-Biesterfeld mit der Gräfin Caroline von Wartensleben sich ehelich zu verbinden beabsichtigen.

Um dem ausgesprochenen Wunsche zu genügen und in Berücksichtigung, daß Ew. Liebden Ihre Einwilligung zu dieser Ehe bereits gegeben haben, nehme Ich keinen Anstand, meinen Konsens hierdurch gleichfalls zu erteilen.

Hiernach ist der Fürstlichen Deklaration vom 10. Mai 1853 genügt worden. In Frage kommt aber, welche Bedeutung der Erteilung des Konsenses beizulegen ist. Ihrem Inhalte nach ist die Deklaration, wenn auch darin von jeder Ehe, welche ein Mitglied des Hauses Lippe eingehen möchte, die Rede ist, unstreitig nicht für die Schaumburger Linie erlassen worden und tatsächlich nur für die Nebenlinien Lippe-Biesterfeld und Lippe-Weißenfeld bestimmt gewesen. Erlassen wurde sie zu einer Zeit, als Bedenken gegen die Ebenbürtigkeit von Ehen in den Nebenlinien laut geworden waren und von den letzteren auch später wieder aufgenommene, jedoch erfolglos gebliebene Verhandlungen geführt wurden, um durch Erlaß eines umfassenden Hausgesetzes die Anerkennung ihrer Familienzugehörigkeit zu erhalten. Es ergibt sich das aus der unbeanstandeten Darstellung in der auch dem jetzigen Schiedsgericht überreichten Schrift „Die familienrechtliche Stellung der Grafen zur Lippe-Biesterfeld und Lippe-Weißenfeld usw.“ (S. 11 ff.). Wie aus der dort gegebenen Vorgeschichte ihrer Entstehung zu entnehmen ist, hatte die Deklaration nicht den Zweck, die hausrechtliche Vollwirksamkeit sämtlicher bis dahin in jenen Nebenlinien geschlossener Ehen anzuerkennen oder gar festzustellen, vielmehr wurde durch sie nur mit der Notwendigkeit des landesherrlichen Konsenses ein neues Erfordernis für die Vollwirksamkeit ihrer Ehen für die Zukunft eingeführt. Durch die Art, wie dies geschah, wurde aber gleichzeitig als neues Hausrecht bestimmt, daß dem Oberhaupte die alleinige Entscheidung über die Vollwirksamkeit der Ehe zustehe und daß diese durch die Erteilung des Konsenses in unanfechtbarer Weise, trotz etwa vorhandener

Ebenburtsmängel, festgestellt sein solle. Das ergibt der Wortlaut wie der Zusammenhang des Erlasses. Der Fürst erklärte in ihm, das Gesuch sei zunächst bei dem Chef der betreffenden Speziallinie anzubringen, der dasselbe mit einem Gutachten zur höchsten Entschließung an den Fürsten befördern werde; ferner, der Konsens werde nur dann erteilt werden, wenn sowohl die Standesmäßigkeit der Ehe als die Mittel zu einem standesmäßigen Unterhalte nachgewiesen seien. Mit hinreichender Deutlichkeit legt also der Fürst seinem Konsense die Bedeutung einer maßgebenden Entscheidung über das Vorhandensein der Bedingungen einer hausrechtlich vollwirksamen Ehe bei. Der oben seinem Wortlaute nach mitgeteilte Fürstliche Erlaß vom 23. September 1868 enthält mithin für die jetzt beanstandete Ehe des Grafen Ernst zur Lippe-Biesterfeld die Feststellung der Ebenbürtigkeit. In Zweifel ziehen läßt sich jedoch, ob die Schaumburgische Linie hieran gebunden sei. Der Fürst von Lippe-Detmold konnte in seiner Eigenschaft als Familien- und Stammhaupt zwar das Erfordernis seines Konsenses als Bedingung für die Vollwirksamkeit einer Ehe einführen, dagegen nicht ohne Zustimmung der Agnaten der Erteilung des Konsenses zugleich die Bedeutung einer Feststellung der Ebenbürtigkeit beilegen. Sodann ist die Deklaration vom 10. Mai 1853 amtlich nur den Mitgliedern der beiden Nebenlinien Lippe-Biesterfeld und Lippe-Weißenfeld durch ihre Chefs mitgeteilt, und eine ausdrückliche Anerkennung ist nur seitens dieser Linien, nämlich dadurch erfolgt, daß in beiden um Erteilung von Konsensen gebeten wurde. Dagegen ist die Schaumburgische Linie zu den Verhandlungen, die der Deklaration voraufgingen, nicht zugezogen worden, auch hat sie keine amtliche Kenntnis von ihrem Erlasse bekommen. Andererseits muß freilich das Schiedsgericht annehmen, daß den Mitgliedern des Hauses Schaumburg-Lippe der Erlaß der Deklaration sowie ihr Inhalt bekannt geworden ist, und zwar vor dem Jahre 1868. Das Schiedsgericht hält sich zu dieser Annahme für berechtigt, weil das Gegenteil in dem jetzigen Verfahren niemals behauptet worden ist, und findet eine Bestätigung in dem Schreiben des Fürsten Leopold zur Lippe vom 14. Januar 1858, welches in der obenerwähnten Schrift, betreffend die familienrechtliche Stellung der beiden älteren Nebenlinien, (S. 14, 15) mitgeteilt wird. In diesem Schreiben, das sich auf die Bitte um Erteilung eines Konsenses bezieht, wird am Schlusse gesagt: „Nach welchen Grundsätzen ich in Zukunft die Ebenbürtigkeit beurteilen werde, darüber habe ich mich vorstehend ganz bestimmt geäußert und kann hinzufügen, daß hierüber meine näheren Agnaten, insbesondere auch der Fürst zu Schaumburg-Lippe gleiche Ansichten hegen." Die Deklaration muß also Gegenstand eines Meinungsaustausches zwischen beiden Herren gewesen sein. War aber den Mitgliedern der Linie Schaumburg-Lippe die Deklaration bekannt und wurde von ihrer Seite kein Widerspruch erhoben, so könnte hieraus wohl die Folgerung gezogen werden, sie habe dadurch zu erkennen gegeben, daß es ihr genehm sei, wenn der Chef der Hauptlinie die Ebenbürtigkeit einer Ehe, für deren Abschluß er um seinen Konsens gebeten werde, prüfe und durch die Erteilung hausrechtlich feststelle. Einer solchen Folgerung stehen indes, wie nicht verkannt werden darf, immerhin Bedenken entgegen; denn der Sachverhalt ist nicht so aufgeklärt, daß mit Sicherheit ausgesprochen werden könnte, die Agnaten der Schaumburger Linie seien verpflichtet gewesen, Widerspruch gegen die Deklaration zu erheben, wenn nicht ihr Stillschweigen als Zustimmung gelten solle.

Es muß deshalb auf die Beanstandung der Ehe wegen Mangels der Ebenbürtigkeit eingegangen werden. Bei der Entscheidung über diesen Einwand kommt vor allem die Frage, ob das maßgebende Ebenburtsrecht bereits durch den Schiedsspruch von 1897 dergestalt festgestellt ist, daß die in dessen Gründen ausgesprochenen Ergebnisse über das im Hause Lippe geltende Recht auch jetzt zugrunde gelegt werden müßten und nur noch untersucht werden dürfte, ob seit dem Jahre 1803 eine Änderung eingetreten sei. Die Bedeutung einer Feststellung des Ebenburtsrechts hat jedoch der Schiedsspruch von 1897 nicht. Seine Entscheidung ging allerdings dahin, daß Graf Ernst zur Lippe-Biesterfeld thronfolgeberechtigt sei, weil die im Jahre 1803 geschlossene Ehe seiner Großeltern dem Lippischen Hausrecht entsprochen habe. Diese Entscheidung ist maßgebend und würde selbst in dem Falle maßgebend bleiben, wenn wirklich die tatsächlichen oder rechtlichen Feststellungen, auf denen sie beruht, unrichtig gewesen sein sollten. Denn diese Feststellungen dienen zwar zur Erläuterung der Entscheidung, sind aber Erwägungen, von deren Richtigkeit die bindende Kraft der Entscheidung nicht abhängt. Eben hieraus folgt, daß jenen Feststellungen eine selbständige Bedeutung nicht zukommt. Die Frage, ob die Ehe des Grafen Ernst als ebenbürtige zu gelten hat, muß deshalb unabhängig von dem Schiedsspruche von 1897 geprüft werden.

Das Schiedsgericht trägt kein Bedenken, den Ergebnissen, zu denen jener Spruch in Ansehung des Ebenburtsrechts gelangt ist, beizustimmen.

In dem Schiedsspruche von 1897 wird davon ausgegangen, daß jedenfalls zu Ende des 18. und zu Beginn des 19. Jahrhunderts für die altreichsgräflichen und die in der staatsrechtlichen Stellung ihnen regelmäßig gleichstehenden neufürstlichen Häuser ein Reichsherkommen, wonach die Ehe mit einer Person des niederen Adels als Mißheirat anzusehen sei, nicht gegolten hat. Ferner ist unentschieden gelassen, ob vielleicht von jenen Häusern die Zugehörigkeit der Braut zu einem altadeligen Geschlecht erfordert wurde, dagegen ist ausgesprochen, daß keinenfalls sogenannter Stiftsadel, d. h. der Nachweis von mindestens vier adeligen Ahnen erforderlich gewesen sei. Das jetzige Schiedsgericht findet keinen Anlaß, hiervon abzuweichen, insbesondere auch, soweit das Erfordernis des sogenannten Stiftsadels in Frage steht. Allerdings ist die Ansicht, daß für die Ebenbürtigkeit einer Dame des niederen Adels mindestens Vier Ahnen Adel erforderlich sei, in der Literatur vielfach vertreten worden, so von

Moser, Teutsches Staatsrecht Bd. 19 (1745) S. 332; Familienstaatsrecht Bd. 2 (1775) S. 153;

Struben, Rechtliche Bedenken 2. Aufl. (1787) Bedenken 135 S. 502;

Eichhorn, Einleitung in das Deutsche Privatrecht, 5. Aufl. (1845) § 292 in Verbindung mit § 59;

Zachariä, Gutachten betreffend die Ebenbürtigkeitsfrage im Fürstlichen und Gräflichen Hause Lippe (1875) S. 20 ff.

Ferner wird in dem von Struben a. a. O. mitgeteilten Mandat des Reichshofrats vom 12. Juli 1753 in Sachen des Grafen von Schaumburg-Lippe zu Alverdissen gegen den Landgrafen von Hessen-Cassel und dessen Lehnshof S. 514 gesagt:

da doch kein Gesetz im Römischen Reich vorhanden, so die Ehe eines Reichsgrafen oder aus einem solchen Haus entsprossenen Herrn mit einer von beyderseits Eltern, Ritter- und Stiftsmäßig gebohrnen Person aus dem alten Teutschen Reichs Adel, für ungleich, oder die daraus erzeugte Kinder für unfähig zur Lehn- und Landesfolge erklären.

Allein dies Urteil ist für die Richtigkeit jener Ansicht nicht beweisend. Es erging in einem Rechtsstreite, der die Lehnsfähigkeit der Nachkommen aus der Ehe des Grafen Friedrich Ernst zur Lippe-Alverdissen mit einer Dame von niederem Adel,

Philippine Elisabeth von Friesenhausen, zum Gegenstand hatte, und letztere war stiftsfähig. Das Urteil hebt daher nur hervor, daß die Ehe mit einer Dame von stiftsmäßigem niederem Adel zweifellos ebenbürtig sei, sagt jedoch nicht, daß zur Ebenbürtigkeit stiftsmäßiger Adel erfordert werde, da es keinen Anlaß hatte, sich hierüber auszusprechen. Hingegen fehlt es nicht an Stimmen, die ein derartiges Erfordernis nicht anerkennen. Dieser Ansicht ist

Gönner, Staatsrecht (1804) § 74.

Insbesondere aber ist zu verweisen auf

Pütter, Über Mißheiraten (1796),

der in dieser Schrift (S. 399 ff.) darlegt, daß für die Beantwortung der — von ihm verneinten — Frage, ob eine Dame des niederen Adels dem hohen Adel ebenbürtig sei, die Stiftsmäßigkeit ihres Adels nicht in Betracht kommen könne, und dessen Ausführungen (S. 441 ff.) den Grund ersehen lassen, weshalb in manchen Häusern des hohen Adels, die eine Ehe auch mit Damen niederen Adels zuließen, Stiftsmäßigkeit erfordert wurde. Die Abstammung von nur adeligen Ahnen sowohl auf väterlicher als auf mütterlicher Seite gewährte erhebliche Vorteile und eröffnete namentlich die Möglichkeit, in ein Hochstift aufgenommen zu werden. Im Hinblick hierauf wurde vielfach auch von hochadeligen Familien katholischen Bekenntnisses darauf gehalten, daß ihre Angehörigen die Ehe nur mit einer Person von stiftsmäßigem Adel eingingen. In dem jetzigen Verfahren hat freilich die Schaumburgische Vertretung geltend gemacht, daß die Forderung des Ahnenadels im 18. Jahrhundert auch die gesetzgebenden Kreise des Reichs beherrscht habe, wie namentlich daraus hervorgehe, daß bei den Verhandlungen über die Wahlkapitulation des Kaisers Franz, 1745, solche Rechtsauffassung zutage getreten sei. Letzteres ist richtig, denn nach der Mitteilung von

Moser, Wahl capitulation Frantz des Ersten, 1745, II S. 327 wurde — zu Art. 22 § 4 der Wahlkapitulation — in Vorschlag gebracht, nach „Miß Heurath" hinzuzufügen

nämlich mit Personen, welche nicht wenigstens vier adelige Ahnen aufzuweisen haben.

Allein dieser Antrag ist nicht durchgedrungen, und danach spricht jener Vorgang gerade dafür, daß die maßgebenden Kreise den sogenannten Ahnenadel nicht für nötig hielten. Erfordernis der Ebenbürtigkeit ist daher der Vierahnenadel nach Reichsherkommen nicht geworden.

Das letztere ist freilich hier nicht von ausschlaggebender Bedeutung. Es kommt vielmehr darauf an, was das Lippische Hausrecht festsetzt. Dies aber stimmt, wie der Schiedsspruch von 1897 ebenfalls zutreffend angenommen hat, mit dem Reichsherkommen überein.

In dem früheren Verfahren war von den damaligen Parteien anerkannt worden, daß ein in Ansehung der Ebenburt maßgebendes Hausgesetz für das Gesamthaus Lippe nicht bestehe (Schiedsspruch S. 19). Abweichend hiervon wird gegenwärtig von der Schaumburgischen Seite geltend gemacht, daß einschlagende hausrechtliche Bestimmungen vorhanden seien, und zwar wird verwiesen auf

1. die Bestätigung des Primogeniturrechts durch Kaiser Rudolf II. vom 12. Februar 1593 (Schulze, Hausgesetze Bd. II, S. 150),

2. das Testament Simons VI. vom 30. August 1597 (ebendaselbst S. 155),

3. den Landtagsschluß vom 22. Juli 1651 (Urkundensammlung zur Beurteilung der zwischen den hohen Häusern Lippe und Schaumburg-Lippe streitigen Verhältnisse, Lemgo 1831, S. 31).

In der erstgenannten Urkunde wird die Nachfolge zugesprochen:

dem erstgebohrenen Sohn, der eines Lehens fähig und der Regierung Land und Leute vorsehn mag.

In dem Testament ist die Rede von:

Mannsstamm, Manneserben, männlichen Leibeserben, Mannesleib-Erben, Fölgeren;

in dem Landtagsschluß von:

dem ältisten unsers gräflich Leibes Lehens Erben.

Von der Schaumburgischen Vertretung wird hieraus abgeleitet, daß dadurch eine von der gemeinrechtlichen (der damals schon rezipierten römischrechtlichen) abweichende Erbfolgeordnung festgesetzt worden sei, die auf lehnrechtlicher Grundlage die Voraussetzungen des Erbrechts zugleich im Sinne des für das Haus Lippe von alters her geltenden, auf die höchsten Geburtsstände des Reichs beschränkten Ebenburtsrechts regele. Das Erfordernis der Abstammung von hochadligen Eltern ergebe sich danach für jene Zeit als selbstverständlich. Für die Erbfolge nach Lehnrecht komme in Betracht: Sächsisches Lehnrecht Artikel II § 1, auctor vetus de beneficiis I, § 4, welche Bestimmungen für lehnsunfähig alle die erklären, die nicht von Rittersart sind vom Vater und der Mutter her. Diese Stellen aber seien in Verbindung mit der Glosse zum Sächsischen Landrecht I. 5, der Glosse zum Sächsischen Lehnrecht Artikel 20 und dem Kleinen Kaiserrecht III § 5 im Sinne des Erfordernisses von vier ritterlichen Ahnen zu verstehen. Endlich wird auf spätere Familienverträge, nämlich den sogenannten Hauptvergleich vom 22./24. Mai 1762 (Schulze, Hausgesetze Bd. II S. 173) sowie den Verzichts- und Alimentationsvertrag zwischen dem Grafen Ludwig Heinrich zur Lippe mit den Biesterfelder und Weißenfelder Agnaten vom 11. Mai 1787 (ebendaselbst S. 179) Bezug genommen und aus Bestimmungen im

Artikel 5 des ersteren, in den §§ 1, 2, 3, 4, 7 des letzteren entnommen, daß die vorstehend dargelegten Grundsätze stets in lebendiger Übung geblieben seien. Für zutreffend sind alle diese Ausführungen jedoch nicht zu erachten. Gewiß hat zur lehnrechtlichen Erbfolge nicht Abstammung aus jeder bürgerlich gültigen Ehe, sondern nur die Abstammung aus einer Ehe befähigt, die auch nach Lehnrecht ebenbürtig war, und ebenso ist es richtig, wenn gesagt wird, daß zur Sukzessionsfähigkeit im Hause Lippe zur Erbfolgefähigkeit nach Lehnrecht und nicht nach Landrecht gehörte. Für die vom Lehnrecht in späterer Zeit geforderte Ebenbürtigkeit sind jedoch die vorangeführten Stellen der Rechtsbücher nicht maßgebend, vielmehr ist zur Fähigkeit der Erbfolge nach Lehnrecht zwar Abstammung aus ebenbürtiger Ehe nötig, aber das jeweils geltende Ebenburtsrecht ist entscheidend. (Vgl. Göhrum, Ebenbürtigkeit Bd. 2 S. 331 ff.) Die in Bezug genommenen Lippischen hausrechtlichen Bestimmungen sagen daher nichts, als was ohnehin nicht zweifelhaft ist, nämlich daß im Hause Lippe nur Nachkommen aus ebenbürtigen Ehen thronfolgefähig sind.

Für die Feststellung des Lippischen Hausrechts sind im übrigen nachstehende Erwägungen leitend gewesen.

In der Hauptlinie des Hauses sind allerdings Ehen regelmäßig nur mit Damen aus solchen Familien geschlossen worden, die reichsunmittelbaren Besitz und Reichsstandschaft hatten, mithin zu denjenigen gehörten, welche nach der im 18. Jahrhundert zur Herrschaft gelangten Begriffsbestimmung den hohen Adel ausmachten. Als Abweichungen könnten nur die Ehen in Frage kommen, die von Angehörigen dieser Linie in den Jahren 1666, 1695 und 1713 mit Burggräfinnen von Dohna, 1705 mit einer Gräfin von Kunowitz und 1773 mit der verwitweten Frau von Trotha geborenen von Trotha eingegangen sind. Die Häuser der zuerst genannten Damen wurden aber, jedenfalls nach einer viel vertretenen Ansicht, den reichsständischen gleichgeachtet, und die Frau von Trotha war vor der Eheschließung auf ein mit Genehmigung des regierenden Grafen zur Lippe an den Kaiser gerichtetes Gesuch in den Stand einer Reichsgräfin erhoben worden, was die Deutung zuläßt, daß die Standeserhöhung nachgesucht wurde, um den Mangel der Vollbürtigkeit auszugleichen. Es würde daher aus der in der Hauptlinie befolgten Übung entnommen werden können, daß im Hause Lippe das strenge Ebenburtsrecht gegolten habe, wenn anzunehmen wäre, dieser Übung habe die Rechtsüberzeugung zugrunde gelegen, daß nur Ehen mit Damen aus dem Kreise des hohen Adels ebenbürtig seien. Einer solchen Annahme stehen jedoch Umstände gegenüber, welche das Gegenteil dartun und jene Übung als eine Tatsache erscheinen lassen, die sich daraus erklärt, daß die regierende Linie in der Lage war, Ehen nur mit Damen des Hochadels einzugehen, der aber die Bedeutung der Äußerung einer Rechtsüberzeugung für das Gesamthaus nicht zukommt.

Vor allem spricht hierfür die im Jahre 1722 erfolgte, schon erwähnte Eheschließung des Grafen Friedrich Ernst zur Lippe-Alverdissen mit Philippine Elisabeth von Friesenhausen, aus welcher Ehe die jetzt lebenden Angehörigen der Linie Schaumburg-Lippe abstammen. Die Dame war von niederem, nicht tituliertem Adel. Ihre Nachkommen würden mithin, wenn im Hause Lippe das strenge Ebenburtsrecht gegolten hätte, nicht als Agnaten des Gesamthauses geboren sein. Allerdings wurde sie später vom Kaiser in den Stand einer Reichsgräfin erhoben, allein diese Standeserhöhung erfolgte ohne Zustimmung des Gesamthauses und erst im Jahre 1752, als die Ehe dreißig Jahre bestanden hatte und der älteste Sohn bereits 29 Jahre alt war. Ob hierdurch ihre Söhne die Eigenschaft von Lippischen Agnaten erlangen konnten, kann dahingestellt bleiben. Einer Entscheidung hierüber bedarf es nicht, denn die Friesenhausen-Ehe ist tatsächlich als eine ebenbürtige behandelt und schließlich auch anerkannt worden, die Kaiserliche Standeserhöhung hat aber keinen Einfluß hierauf gehabt. Wiederholt wurde die Ebenbürtigkeit jener Ehe beanstandet, zunächst von dem Landgrafen von Hessen-Cassel, der die Gelegenheit benutzen wollte, die Grafschaft Schaumburg, soweit sie von Hessen-Cassel zu Lehn ging, einzuziehen; seine Versuche blieben jedoch, wie schon in dem Schiedsspruche von 1897 (S. 34, 35) mitgeteilt ist, ohne Erfolg. Sodann wurde die Ebenbürtigkeit der Ehe bemängelt von dem Grafen Simon August zu Lippe-Detmold, jedoch wurde dieser auf Klage des Grafen Philipp Ernst zu Schaumburg-Lippe-Alverdissen, eines Sohnes der Friesenhausen, durch Urteil des Reichskammergerichts vom 12. Februar 1773 schuldig erkannt, sich dessen zu enthalten. Die über diese Rechtsangelegenheiten vorliegenden Äußerungen lassen ersehen, daß die Ehe der Friesenhausen von den Zeitgenossen nicht wegen Erhebung der letzteren zur Reichsgräfin, sondern ohne Rücksicht auf diese Standeserhöhung für ebenbürtig gehalten und daß diese Ansicht anfangs im ganzen Hause geteilt worden ist. Das muß entnommen werden aus den bei Anschütz „der Fall Friesenhausen" mitgeteilten Äußerungen der Schaumburg-Lippischen Beamten oder Ratgeber: Falke (S. 31), Rehboom (S. 35), v. Gude (S. 37), Frederking (S. 39) und den auf Hessischer Seite in dem Lehnsstreit erstatteten Gutachten und Äußerungen von: Canngießer (S. 47), v. Eyben (S. 48), v. Wülknitz (S. 49), wenn auch von Schoen in seiner Schrift „das Kaiserliche Standeserhöhungsrecht und der Fall Friesenhausen" die Sache (S. 40ff.) anders dargestellt und den Äußerungen v. Gudes (S. 66), Rehbooms (S. 68), Frederkings (S. 73ff.) eine andere Deutung gegeben wird. Für die Ansicht des Hauses sprechen die von Anschütz (a. a. O. S. 155,

156) mitgeteilten Schreiben des Grafen Simon August zu Lippe-Detmold aus 1749 und 1755, desselben, der allerdings später seine Meinung geändert hatte. Eine fernere Bestätigung bietet das oben erwähnte Mandat des Reichshofrats vom 12. Juli 1753, das an der schon mitgeteilten Stelle, wo die Ansicht verworfen wird, daß die Ehe eines Reichsgrafen mit einer „Ritters- und Stiftsmäßig gebohrenen Person aus dem alten Teutschen Reichsadel" ungleich sei, fortfährt:

da vielmehr von zwey und drey Jahrhunderten her eine unleugbare Observanz des Contrarii in denen vornehmsten Gräfl. Häusern Teutschlands, ja so gar in dem Hause Schaumburg selbst sich ergebe.

Von größter Bedeutung endlich ist das dem Schiedsgericht überreichte Referat nebst Votum zu dem Urteile des Reichskammergerichts vom 12. Februar 1773. In der dem jetzt hergestellten Abdrucke vorangeschickten Einleitung wird gesagt, das Votum gehe dahin:

war die Friesenhausensche Ehe gleich, so war sie es ganz ausschließlich um deswillen, weil Elisabeth v. Friesenhausen einem Geschlechte angehörte, das von mehreren hundert Jahren her einen wahren, alten, reinen turniermäßigen Adel erwiesen hat (votum § 21); war aber die Ehe ungleich, so haben die Deszendenten Grafen Friedrich Ernsts die Gleichbürtigkeit und Sukzessionsfähigkeit durch das Kaiserliche, der v. Friesenhausen erteilte Diploma erlanget (votum § 10, §§ 26—33).

Diese Angabe ist nicht zutreffend. In dem Votum wird nicht gesagt, daß die Ehe, wenn sie ungleich gewesen wäre, durch die Kaiserliche Standeserhöhung die Heilung von diesem Mangel erlangt hätte, sondern es wird ausgesprochen, daß der Deszendenz des Grafen Friedrich Ernst nicht erst durch das Diplom ein Sukzessionsrecht beigelegt worden sei (§ 38, S. 55), daß sie solches vielmehr schon ohnehin gehabt habe, und daß es deshalb darauf, ob der Graf Simon August zur Lippe-Detmold seinen Konsens zu der Standeserhöhung gegeben habe, gar nicht ankomme, da die Beibringung des Konsenses der Agnaten nur erforderlich sei, wenn eine Standeserhöhung behufs Heilung des Mangels der Ebenbürtigkeit erfolgen solle (§ 35, S. 53, 54; § 39, S. 56; § 40, S. 56; § 45, S. 63). Daß aber die Ehe von Anfang an gleich gewesen sei, wird in den §§ 11—25, S. 36—45 ausführlich dargelegt, und im § 28, S. 47 wird gesagt, es liege „handgreiflich vor",

> daß Graf Friedrich Ernst bei Nachsuchung dieses Diplomatis nicht seiner Frauen Personaile in sich wenig sagende Eigenschaft, wohl aber die überflüssige Sicherstellung seiner Deszendenten zum Augenmerk gehabt,

und es könne „ebensowenig den geringsten Anstand haben",

> daß Kaiserliche Majestät dem Supplikanten oder vielmehr seiner Gemahlin auch in dieser Absicht die Standeserhöhung erteilet.

Die Annahme des Schiedsspruchs von 1897, daß im Hause Lippe zu der Zeit, als die Ehe des Grafen Wilhelm Ernst zur Lippe-Biesterfeld mit Modeste von Unruh geschlossen wurde, also zu Beginn des 19. Jahrhunderts, auch Damen des niederen Adels als ebenbürtig galten, wird hierdurch überzeugend bestätigt.

Änderungen haben inzwischen nicht stattgefunden. Ohne jeden Einfluß geblieben ist Artikel XIV der Bundesakte vom 8. Juni 1815. Der Artikel XIV erschöpft sich insoweit als er die Ebenbürtigkeit zum Gegenstande hat, in der Bestimmung, daß den Mediatisierten, da auch sie zum hohen Adel gerechnet werden sollen, „das Recht der Ebenbürtigkeit in dem bisher damit verbundenen Begriff" verbleibe, dagegen hat er das Ebenburtsrecht nicht geregelt und überhaupt auf diesem Gebiete nichts Neues eingeführt.

Vgl. die Darstellung über die Entstehung und den Sinn des Artikel XIV der Bundesakte bei Göhrum, Ebenbürtigkeit Bd. 2, S. 371 ff.; Heffter, Sonderrechte § 16, S. 35; Löning, Über Heilung notorischer Mißheiraten S. 27—30, 66; Entscheidungen des Reichsgerichts in Zivilsachen Bd. 32, S. 150.

Ohne Bedeutung ist es ferner, daß die neueren Hausgesetze regierender Familien strenge Grundsätze über Ebenburt aufstellen, denn es kann für den vorliegenden Fall lediglich darauf ankommen, ob gerade im Hause Lippe das Ebenburtsrecht strenger geworden ist. In Ansehung dieses Hauses aber ist nicht bloß die Einführung strengerer Grundsätze nicht erwiesen, sondern es liegen Tatsachen vor, aus denen mit Sicherheit zu schließen ist, daß es bei dem bisherigen Rechte geblieben ist. Durch die Deklaration vom 10. Mai 1853 ist von dem Chef der Hauptlinie das Erfordernis des Heiratskonsenses eingeführt, ohne daß das Ebenburtsrecht näher bestimmt wird. Während der vorhergegangenen Verhandlungen hat der Fürst den ihm gemachten Vorschlag, hausgesetzlich den gräflichen oder freiherrlichen Stand der Braut zu verlangen, abgelehnt, weil einfacher alter Adel ebensoviel wert sei, wie jene Titel, der freiherrliche oft sogar auf Usurpation beruhe. Und zu der Ehe des Grafen Ernst zur Lippe-Biesterfeld mit der Reichsgräfin Karoline von Wartensleben hat der Fürst unter dem 23. September 1868 seinen landesherrlichen Konsens erteilt. Namentlich letztere Tatsache ist von Bedeutung. Denn wenn der Chef des Gesamthauses, nachdem er sich die Aufgabe gesetzt hatte, auf Wahrung der Ebenburt zu halten, in feierlicher Form die Erklärung abgibt, daß jene Ehe, also die Verbindung mit einer Dame aus niederem Adel, deren Mutter zudem bürgerlicher Herkunft war, ebenbürtig sei, so ist das ein Zeugnis für das Lippische Hausrecht, dessen Beweiskraft nicht angezweifelt werden kann.

Aus der Erteilung des Konsenses vom 23. September 1868 ist ferner zu entnehmen, daß sogenannter Ahnenadel oder Stiftsadel keinesfalls ein Erfordernis der Ebenbürtigkeit nach Lippischem Hausrechte war, mithin auch insofern die Annahme des Schiedsspruchs von 1897 zutreffend ist.

Bemerkt werden mag endlich, daß auch der Lippische Brüdervergleich vom 14. August 1749, obwohl er kein für das Gesamthaus gültiges Hausgesetz ist und über die Thronfolge keine Bestimmung trifft, die Richtigkeit der Ergebnisse jenes Schiedsspruchs immerhin bestätigt. Denn die in § 18 des Brüdervergleichs vereinbarte Bestimmung bezeichnet als Erfordernis der Ebenbürtigkeit lediglich gräflichen oder freiherrlichen Stand der Braut, erfordert mithin zwar titulierten aber nicht hohen Adel und ebensowenig Stiftsadel.

Fraglich kann danach nur allenfalls sein, ob für die Ebenbürtigkeit nach Lippischem Hausrecht alter Adel im Sinne der Zugehörigkeit zu einem altadeligen Geschlecht erforderlich sei. Die Beantwortung dieser Frage ist indes für die hier in Rede stehende Ehe ohne Bedeutung, da das Geschlecht der Reichsgrafen von Wartensleben unbestritten zum alten Adel gehört.

Die Ehe des Grafen Ernst zur Lippe-Biesterfeld mit Karoline Reichsgräfin von Wartensleben hat danach als ebenbürtig zu gelten.

III. Die Ehe des Grafen Rudolf zur Lippe-Biesterfeld mit Luise Prinzessin von Ardeck, geschlossen am 2. November 1889.

Die Prinzessin Luise von Ardeck ist die am 12. Dezember 1868 geborene Tochter des Prinzen Wilhelm von Hessen-Philippsthal-Barchfeld aus seiner im Dezember 1857 geschlossenen, 1872 geschiedenen Ehe mit der Gräfin Marie Auguste von Schaumburg Prinzessin von Hanau, infolge Königlich Preußischer für sie und ihre Nachkommen 1876 erteilter Verleihung Prinzessin von Ardeck.

Die Gräfin Marie Auguste ist die Tochter der morganatischen Gemahlin des Kurfürsten Friedrich Wilhelm I. von Hessen, Gertrud früher verehelichten Lehmann geborenen Falkenstein, infolge Kurhessischer Verleihung (1831) Gräfin von Schaumburg und später (1853) Fürstin von Hanau.

Der landesherrliche Konsens für die jetzt angefochtene Ehe ist nicht erteilt worden. Es ist aber auch ein Gesuch um seine Erteilung unterblieben und zwar deshalb, weil der regierende Fürst zur Lippe, als er im Jahre 1882 von dem Grafen Julius zur Lippe-Biesterfeld für eine andere Ehe in der Biesterfelder Linie um seinen Konsens gebeten war, zunächst die Erteilung „aus den bekannten Gründen" abgelehnt und sodann auf die Bitte um Angabe der Gründe unter dem 21. Oktober 1882 folgende Antwort gegeben hatte:

Hochgeborener Graf!
Freundlich geliebter Herr Vetter!

Ew. Liebden erwidere ich auf das geehrte Schreiben vom 22. v. Mts. ergebenst, daß ich die Ordnung der Familien-Angelegenheiten in den gräflichen Nebenlinien den Herren Chefs dieser Familien überlassen zu sollen glaube und mich deshalb einer Einmischung in jene Angelegenheiten enthalte.

Indem ich bedaure, daß meine Antwort durch meine längere Abwesenheit von hier verzögert ist, benutze ich auch diesen Anlaß zur erneuerten Versicherung meiner vollkommensten Hochachtung, womit ich verbleibe

Ew. Liebden ergebener
Woldemar,
Fürst zur Lippe.

Eine gleiche Erklärung hatte Fürst Woldemar durch ein an den Grafen Eberhard zur Lippe-Weißenfeld gerichtetes Schreiben vom 19. August 1886 der Linie Weißenfeld gegenüber abgegeben.

Angesichts dieser Vorgänge kann eine nach jenem Schreiben vom 21. Oktober 1882 in der Biesterfelder Linie abgeschlossene Ehe nicht mehr deshalb beanstandet werden, weil der landesherrliche Konsens nicht erteilt worden sei. Denn nachdem der Fürst durch die Deklaration vom 10. Mai 1853 als Stammhaupt erklärt hatte, daß es fortan für die Eheschließung seines Konsenses bedürfe, war er verpflichtet, auf desfällige Gesuche einzugehen und zu prüfen, ob die beabsichtigten Ehen dem Hausrecht entsprechend seien. Die Entscheidung war freilich lediglich seinem Ermessen anheimgestellt. Gab er aber dem Chef einer Nebenlinie, wie geschehen, zu erkennen, daß er sich der Prüfung nicht mehr unterziehen werde, so setzte er dadurch für dessen Nebenlinie die Deklaration außer Kraft. Aus diesem Grunde, nicht deshalb, weil der Fürst, wie von der Biesterfelder Seite auch geltend gemacht wird, die Entscheidung über den Konsens auf den Chef der Nebenlinie übertragen hätte, ist das Fehlen des Konsenses in dem vorliegenden Falle ohne Bedeutung.

Auch die Ehe des Grafen Rudolf zur Lippe-Biesterfeld mit Luise Prinzessin von Ardeck könnte daher nur wegen Mangels der Ebenbürtigkeit beanstandet werden. Eine solche Beanstandung ist jedenfalls hinfällig, wenn die Gemahlin des Grafen Rudolf von ihrer Geburt her dem hohen Adel angehört hat, und letzteres ist der Fall, wenn die Ehe ihrer Mutter mit dem Prinzen Wilhelm von Hessen-Philippsthal-Barchfeld als eine ebenbürtige anzusehen ist. Von der Biesterfelder Vertretung wird dies behauptet und auf folgende Tatsachen gestützt:

Die Ehe sei 1857 geschlossen in der Absicht und Annahme,

eine für das altfürstliche Haus Hessen ebenbürtige Ehe zustande zu bringen. Kurfürst Friedrich Wilhelm habe unter dem 16. Dezember 1857 gemäß § 6 des Kurfürstlichen Haus- und Staatsgesetzes vom 4. März 1817 den landesherrlichen Konsens erteilt; der Ehevertrag vom 23. Dezember 1857 sei geschlossen „im Einverständnis der hohen Agnaten des Landgräflichen Hauses", und es heiße in dem Ehevertrage:

„die hohen Agnaten des Durchlauchtigsten künftigen Gemahls, Seine Durchlaucht der Landgraf Alexis von Hessen-Philippsthal-Barchfeld und Seine Durchlaucht der Landgraf Karl von Hessen-Philippsthal gewährleisten das Wittum" (Art. 9),

„die Regulierung der Apanagen und Deputate für die in dieser Fürstlichen Ehe geborenen Prinzen und Prinzessinnen erfolgt nach dem im Fürstlichen Gesamthause Hessen-Philippsthal üblichen Herkommen, und ebenso richten sich die erforderlichen Bevormundungen nach den Gesetzen des Hessischen Hauses" (Art. 14);

unterzeichnet sei der Vertrag von der Braut und deren Eltern, von dem Bräutigam und dessen allein noch lebenden Mutter sowie von dem Landgrafen Karl von Hessen-Philippsthal und dem Landgrafen Alexis von Hessen-Philippsthal-Barchfeld; die Vermählung sei förmlich notifiziert an die Kaiser von Österreich, Rußland und Frankreich, an den König von Preußen, die Königin von England und die Könige der Niederlande, von Belgien, Dänemark, Schweden und Norwegen, Bayern, Sachsen, Hannover und Württemberg, an die Großherzöge von Baden, Hessen, Sachsen-Weimar, beide Mecklenburg, an den Landgrafen von Hessen und sieben Herzöge. Am 18. März 1872 sei die Ehe auf gemeinschaftliche Bitte des Prinzen und der Prinzessin durch Allerhöchsten Erlaß Seiner Majestät des Königs Wilhelm kraft landesherrlicher Machtvollkommenheit gelöst worden, die Verleihung des Namens von Ardeck sei dann auf Bitte der Prinzessin Marie erfolgt, als der Prinz sich einige Zeit später anderweit vermählte.

Von der Schaumburgischen Seite wird zugegeben, daß die Ehe zwischen den Eltern der Gemahlin des Grafen Rudolf keine morganatische gewesen, sondern in der Absicht und Annahme, eine für das altfürstliche Haus Hessen ebenbürtige Ehe zustande zu bringen, geschlossen sei. Aber sie sei wegen mangelnden Hochadels der Braut ohne weiteres eine nicht ebenbürtige; im gesamten altfürstlichen Hause Hessen gelte strenges Ebenburtsrecht. Eine laxe Praxis könne nicht bewiesen werden. Auch sei schon die Verleihung und Annahme des Prinzentitels von Ardeck vollbeweisend für die Richtigkeit der Behauptung, daß die Prinzessin Luise nur dem niederen, wenn auch hoch titulierten Adel angehöre. Dementsprechend werde die Familie Ardeck im Gothaischen Genealogischen Hofkalender nicht in der ersten Abteilung (Genealogie der europäischen regierenden Fürsten), sondern in der dritten Abteilung (Genealogie der nicht zu den deutschen Standesherren gehörenden nicht souveränen fürstlichen Häuser) geführt.

Bei dieser Ausführung ist übersehen, daß jedes hochadelige Haus, auch wenn es grundsätzlich ebenbürtige Ehen nur mit Damen des hohen Adels zuläßt, im Einzelfall eine Dame, die dieses Erfordernis nicht erfüllt, durch Willensübereinstimmung der Agnaten als ebenbürtiges Mitglied aufnehmen kann. Es fragt sich, ob eine solche Aufnahme des Kurfürstlichen Hauses Hessen zugunsten der Prinzessin Marie Auguste von Hanau in Anlaß ihrer Ehe mit dem Prinzen Wilhelm von Hessen-Philippsthal-Barchfeld anzunehmen ist. Das Schiedsgericht glaubt, die Frage bejahen zu müssen. Es gründet diese Auffassung auf die Tatsache, daß die Absicht und Annahme, eine für das altfürstliche Hessische Haus ebenbürtige Ehe zustande zu bringen, zur Zeit der Eheschließung bei allen rechtlich Beteiligten obwaltete, nicht nur, wie unbestritten, bei dem hohen Brautpaar und dem Kurfürsten, der den Konsens zur Ehe entsprechend der Vorschrift im § 6 des Kurfürstlich Hessischen Haus- und Staatsgesetzes vom 4. März 1817 (Sammlung von Gesetzen für die Kurhessischen Staaten Bd. 2, S. 29), sowie im § 12 der Kurhessischen Verfassung vom 5. Januar 1831 (das. Bd. 6, S. 1) erteilt hat, sondern auch bei allen Agnaten des Gesamthauses. Denn diese haben, wie auf Grund amtlich erteilter Auskunft festgestellt worden ist, teils ausdrücklich — wie die Herren Chefs der beiden landgräflichen Linien durch Unterzeichnung der Ehepakten — teils stillschweigend ihre Zustimmung erteilt. Beweisend ist hierfür, daß die Gemahlin des Prinzen Wilhelm von Hessen-Philippsthal-Barchfeld nicht nur während der Dauer ihrer im Jahre 1872 geschiedenen Ehe, sondern auch nachher bis zu der von ihr selbst nachgesuchten Namensänderung den Titel „Prinzessin von Hessen-Philippsthal" und das Hessische Wappen und zwar beides unangefochten achtzehn Jahre lang geführt hat; auch ihre aus der Ehe mit ihrem genannten Gemahl entsprossenen Kinder wurden nach wie vor der Ehescheidung als Prinzen und Prinzessinnen von Hessen bezeichnet. Erst nach dem im Jahre 1875 erfolgten Tode des Kurfürsten Friedrich Wilhem wurde zuerst die Führung dieser Titel von seiten einzelner Hessischer Agnaten beanstandet, während bis dahin diese Agnaten nicht nur keinen Widerspruch dagegen erhoben, sondern selbst die Prinzessin Marie als Prinzessin von Hessen-Philippsthal bezeichnet hatten. Die nachträgliche Beanstandung wurde dadurch gegenstandslos, daß der Prinzessin Marie, ebenso wie ihren Kindern auf ihr eigenes Gesuch durch Diplom Seiner Majestät des Königs Wilhelm von Preußen vom 28. Juli 1876 „unter Belassung des Titels von Prinzessinnen beziehungsweise Prinzen mit dem Prädikate ‚Durchlaucht' der Name von Ardeck verliehen" wurde. — Diese Tatsachen ergeben, daß die Prinzessin Marie bei und nach ihrer Eheschließung mit dem Prinzen Wilhelm von Hessen-Philippsthal-Barchfeld zunächst von den Agnaten des Hessischen Hauses einmütig als ebenbürtige Angehörige dieses Hauses aufgenommen und anerkannt worden ist.

Daraus muß die Folgerung gezogen werden, daß ihren in der Ehe erzeugten und geborenen Kindern, namentlich der Prinzessin Luise, der Mangel einer unebenbürtigen Ehe ihrer Eltern nicht entgegengehalten werden kann. Die Kinder erwarben vielmehr bei ihrer Geburt die Zugehörigkeit zum hohen Adel, und die Prinzessin Luise trat demnach bei ihrer Verheiratung mit dem Grafen Rudolf zur Lippe-Biesterfeld infolge dieser Zugehörigkeit als zweifellos ebenbürtige Gemahlin in das Haus Lippe ein, obwohl sie inzwischen eine Namensänderung erfahren hatte. Denn das Gesuch der Prinzessin Marie um Verleihung eines anderen Namens und die Gewährung des Gesuchs würden, selbst wenn hieraus zu folgern wäre, daß die Prinzessin und ihre Kinder nicht mehr zum Hause Hessen gehören, an dem Geburtsstande der Kinder nichts geändert haben.

Die Ehe des Grafen Rudolf zur Lippe-Biesterfeld mit Luise Prinzessin von Ardeck ist hiernach ebenfalls nicht zu beanstanden.

IV. Die Ehe des Grafen Friedrich Wilhelm zur Lippe-Biesterfeld mit Gisela Gräfin zu Isenburg-Büdingen in Meerholz, geschlossen am 10. Januar 1895.

Zur Eingehung der Ehe ist der landesherrliche Konsens nicht erbeten, aber ebenso wie in Ansehung der Ehe des Grafen Rudolf nicht erforderlich gewesen. Auch aus anderen Gründen ist die Ehe des Grafen Friedrich Wilhelm nicht zu beanstanden, da die Familie seiner Gemahlin unbestritten dem hohen Adel angehört.

V. Gesamtergebnis. Aus den vorstehenden Darlegungen folgt, daß den gegenwärtig lebenden Angehörigen der Linie Lippe-Biesterfeld das Thronfolgerecht nicht deshalb streitig gemacht werden kann, weil sie aus der Ehe des Grafen Wilhelm Ernst zur Lippe-Biesterfeld mit Modeste von Unruh abstammen, da die Ebenbürtigkeit dieser Ehe und die Thronfolgefähigkeit ihrer Linie feststeht, ferner, daß keiner der jetzt lebenden Angehörigen jener Linie durch andere, für seine Person zutreffende Gründe ausgeschlossen wird.

1. Der Grafregent Leopold ist thronfolgeberechtigt, da die Ehe seines Vaters mit Karoline Reichsgräfin von Wartensleben eine ebenbürtige gewesen ist. Er selbst ist vermählt mit Bertha geb. Prinzessin von Hessen-Philippsthal, mithin einer Dame von hohem Adel. Seine Söhne haben deshalb auch Thronfolgerecht.

2. Die Brüder des Graf-Regenten, Graf Bernhard und Graf Julius Ernst, sind aus demselben Grunde wie der Graf-Regent thronfolgeberechtigt.

3. Der Oheim des Graf-Regenten, Graf Leopold, ist wie der verstorbene Graf-Regent Ernst thronfolgeberechtigt. Vermählt ist der Graf Leopold mit Frida Gräfin von Schwerin, einer Dame von niederem, aber unbestritten altem Adel. Söhne sind ihm bisher nicht geboren. Über die Ebenbürtigkeit seiner Ehe hat das Schiedsgericht sich daher nicht zu äußern, da zufolge des Schiedsvertrags eine Entscheidung nur über die Ansprüche der jetzt lebenden Mitglieder der Linie Lippe-Biesterfeld gegeben werden soll.

4. Der Oheim des Graf-Regenten, Graf Rudolf, ist ebenso thronfolgeberechtigt. Seine Söhne sind es, weil seine Ehe mit Luise Prinzessin von Ardeck eine ebenbürtige ist.

5. Der Oheim des Graf-Regenten Graf Friedrich Wilhelm und sein Sohn aus seiner Ehe mit Gisela Gräfin von Isenburg-Büdingen in Meerholz haben Thronfolgerecht aus den nämlichen Gründen.

Demgemäß ist erkannt, wie geschehen.

L. S.

Freiherr von Seckendorff. Dr. Maßmann.

Veltman. Dr. Planck. von Hassell. Meyn. von Bülow.

Kolb. Dr. Wanjeck. Predari. Hoffmann II. Maenner.

Specht. Erler. Suntheim.

Druck von Metzger & Wittig in Leipzig.

MIX
Papier | Fördert gute Waldnutzung
FSC® C083411

Kolibri 360 GmbH
Ferdinand-Jühlke-Straße 7
99095 Erfurt, Deutschland
produktsicherheit@kolibri360.de